AF264055

DE LANTIVY

BARONS D'ARCHÈS, COMTES DE SAINT-URSIN, MARQUIS
DE LIMUR, VICOMTES DE TREDION,
SEIGNEURS DE VANDEMONT, DE KERNEVALLÉE, DE KERVITI, DE KERJEAN, DE KERANDRENO,
DE KERNAZOL, DE TALHOUET, DE PERGAMON, DE LA FERRIÈRE,
DU CROSCO, DE KERVENO, DU RESTE, DE FREMUR,
DE KERGOFF, DE L'ISLE-TIZON, DE LA LANDE, DE KERMAINGUY,
DE LA GUITTONIÈRE, DE KERUSSEL DE HUILLÉ, DES AULNAIS, DE LARROUET,
DU SERROUET, DU MOULIN DE BERCLOS, DE LIVRI, DE REST,

ARMES : *De gueules, à une épée d'argent en pal, la pointe en bas.* — SUPPORTS : *Deux lions.* —
TIMBRE : *Une couronne de marquis.* — DEVISE : Qui désire n'a repos.

La maison DE LANTIVY, originaire du pays de Galles, en Angleterre, où elle était reconnue comme très-ancienne dès le XIe siècle, vint s'établir en Bretagne vers le XIIe siècle. Nous trouvons en effet Philippe DE LANTIVY au nombre des défenseurs de Dol, en 1175, et il fut l'un des quarante chevaliers faits prisonniers dans la citadelle. Une ancienne tradition attribue à cette famille, comme à plusieurs autres familles nobles, le pouvoir de guérir par le toucher certaines maladies.

[1] Cette notice, appuyée sur pièces authentiques, est tirée 1° des preuves de noblesse faites au cabinet des ordres du Roi au mois de janvier 1789 par messire Louis-André, comte de Lantivy, chevalier, seigneur de l'Isle-Tizon, la Lande, Baranton, Champiré, Bouche-d'Usure, la Cour de Livré, Kermainguy, la Guittonière, Niafle et autres lieux, pour être admis à jouir des honneurs de la cour et à monter dans les carrosses du Roi ; — 2° du Mercure de France du mois de septembre 1753, page 205 ; — 3° de l'Armorial de Bretagne, de celui de la province d'Anjou, de Tours, du Languedoc ; — 4° de divers documents tirés des archives de la famille.

Elle a produit ses titres et obtenu des arrêts de maintenue, qui la reconnaissent d'ancienne extraction et ancienne chevalerie lors des recherches de 1427, 1448, 1480, 1483, 1513, 1536, 17 novembre 1668, douze générations articulées. M. de Lesrat, rapporteur, 8 mai 1669. M. Le Jacobin, rapporteur, 4 août 1670. M. Barrin, rapporteur, en 1671.

Elle comparut aux montres militaires de 1480. Guillaume DE LANTIVY, chevalier, seigneur de Kernazol et comte de Saint-Ursin, y fut admis avec onze chevaux en brigandine.

Raoul DE LANTIVY, chevalier, seigneur de Talhouët et autres lieux, comparut aux montres générales des nobles à Landevant, en 1554.

La famille DE LANTIVY a donné six conseillers au parlement de Bretagne, un gentilhomme de la chambre de Sa Majesté le Roi Louis XIV, trois chevaliers de Malte, un page du Roi en sa grande écurie en 1738, un page de madame la comtesse d'Artois en 1788, mort chevalier de Malte en 1822, dernier représentant de la branche des DE LANTIVY DE REST, établie en Languedoc, où elle a fourni plusieurs capitouls à Toulouse, une élève de Saint-Cyr.

Cette antique famille a fait ses preuves en janvier 1789, pour être admise à jouir des honneurs de la Cour; la Révolution seule l'empêcha de jouir de ce privilége.

La famille DE LANTIVY, remarquable par sa haute antiquité, l'est encore par la distinction de ses alliances, par lesquelles elle tient aux maisons de Rochechouart, de Lanvaux (anciens barons de Lanvaux), de Malestroit, de Rohan, de Lorraine, de Valentinois, de Rougé du Plessis de Bellière, de Serent, d'Elbœuf, de Marbœuf, et autres.

Les premières alliances que contracta cette antique famille à son arrivée en Bretagne ne sont pas connues. Sa filiation, appuyée sur preuves authentiques, remonte aux deux frères Jean et Pierre DE LANTIVY, qui vivaient en 1250.

Les unions que contracta l'aîné, Jean DE LANTIVY, chevalier, baron d'Archès, seigneur des Combes, avec Julienne DE ROCHECHOUART et Françoise DE CRAMEZEL, dame de Querlamezel, furent stériles.

I. Le second, PIERRE DE LANTIVY, chevalier, comte de Saint-Ursin, seigneur de Vandemont, eut pour première femme Alliette de Lanvaux, fille de très-haut et très-puissant seigneur baron de Lanvaux. Ce mariage, contracté en 1250, fut stérile. Pierre de Lantivy se maria en secondes noces avec Adélaïde DE BAUD, fille de N. de Baud, chevalier, seigneur de Bresseant et de Pennanrun, et de Béatrix de Lanvoux. De ce mariage:

> 1° Raoul, qui suit :
> 2° Guillemette DE LANTIVY, épouse de N. DE KERMENO, chevalier. Elle rendit le 17 juillet 1806 hommage au très-puissant seigneur vicomte de Rohan, à Pontivy, en même temps que les autres gentilshommes de la vicomté de Rohan.

II. RAOUL DE LANTIVY, chevalier, comte de Saint-Ursin, seigneur de Kerandreno, Kernazol, Kernevallée, Kerviti, fut l'un des seigneurs de la vicomté de Rohan, qui furent assignés par banie à venir, le 17 juillet 1396, rendre hommage au vicomte de Rohan, à Pontivy; il rendit aveu, le jour de la fête Sainte-Catherine 1398, à l'abbesse du couvent de Notre-Dame de la Joye, du fief noble de Guergenou, en la paroisse de Languidic. Il est rappelé dans une sentence rendue ez-pleds de Noyal, évêché de Vannes, entre ses enfants, et dans l'enquête faite en 1445.

Il eut pour première femme Alliette DE LANOUAND, dont il eut :

> 1° Jean, Ier du nom, qui suit :
> 2° Olivier DE LANTIVY, qui ratifia la paix de Guérande, entre le Roi de France et le duc de Bretagne, comme il se voit en l'acte rapporté à Saint-Brieuc, le pénultième jour du mois d'avril de l'année 1381, scellé du sceau dudit LANTIVY, le manuscrit de cet acte, dont la copie se trouve dans l'Histoire de Bretagne, de dom Morice, est déposé chez M. Dupuis, garde des chartes de France, et aujourd'hui à la Bibliothèque royale de la rue de Richelieu, à Paris, chartres scellées.

Raoul de Lantivy eut pour seconde femme Aliéonore DE KERSAINT, dont il n'eut point d'enfants. Il se remaria en troisièmes noces, le 13 juillet 1396, avec Alix DE BAUD, fille d'Allain de Baud, chevalier, seigneur d'Huchon, lequel était lui-même fils aîné, héritier principal et noble d'Allain de Baud, chevalier. De ce troisième mariage naquit :

> Eon DE LANTIVY, chevalier, auteur de la branche des seigneurs du Crosco et de Kerveno et des de Lantivy-Gillot, dont la filiation viendra.

III. JEAN DE LANTIVY, Ier du nom, chevalier, comte de Saint-Ursin, seigneur de Kernazol, Kernevallée, Kerjan, Kerviti, Kerandreno, fils aîné, héritier principal et noble de feu messire Raoul de Lantivy et d'Alliette de Lanouand, accompagna Bertrand du Guesclin dans son expédition de Normandie, en 1378; il était en instance en la cour de Noyal, évêché de Vannes, le 8 juillet 1449, avec son frère consanguin; il vendit des héritages le 8 janvier 1452, et transigea le 9 octobre 1456.

Il eut pour première femme Marion DE MALESTROIT, fille de très-haut et très-puissant seigneur, baron de Malestroit, chevalier. De ce mariage :

> 1° Jean DE LANTIVY, qui suit :
> 2° Dom Allain DE LANTIVY;
> 3° Marguerite DE LANTIVY, veuve, le 3 février 1490, de Jean Beteau, écuyer.
> Jean DE LANTIVY, devenu veuf de Marion de Malestroit, se remaria avec Marguerite Hilari, dont il n'eut point d'enfants.

IV. JEAN DE LANTIVY, IIe du nom, chevalier, comte de Saint-Ursin, seigneur de Kernazol, Kerandreno, Kerviti et autres lieux, fils aîné, héritier principal et noble de Jean, Ier du nom, et de Marion de Malestroit, fit faire une enquête en la cour de Pontivy, le 26 janvier 1455, pour constater les armes de sa famille. Il fut condamné ez-pleds de Noyal, évêché de Vannes, à restituer à Eon de Lantivy, son oncle, la dot d'Alix de Baud, mère dudit Eon de Lantivy, et troisième femme de Raoul de Lantivy. Il fit vente d'héritages le 8 janvier 1452, transigea avec ses père et mère le 9 octobre 1456, et obtint une sentence ez-pleds généraux d'Hennebon, le 3 octobre 1464, contre ledit Eon de Lantivy, relative à la succession d'Olivier de Lantivy (celui qui ratifia le traité de Guérande entre le Roi de France et le duc de Bretagne), second fils de Raoul de Lantivy et d'Alliette de Lanouand, qu'il réclamait; par cette sentence, il est dit que les parties étaient personnes nobles, et que ledit Olivier ne pouvait avoir et tenir d'héritages, fors par le bienfait. Il était encore en instance, le 5 janvier 1484, sur la dot de sa fille aînée, Jacquette de Lantivy, avec Payen Philippe, chevalier, seigneur de Rochelard, son gendre, lequel soutenait que ledit Jean de Lantivy, chevalier, comte de Saint-Ursin, était noble homme, issu et extrait de chevalerie ancienne, riche et puissant.

Ce Jean de Lantivy épousa Catherine PHELIPPOT, fille d'Eon Phelippot, écuyer, seigneur de Coëtingard, paroisse d'Elven, évêché de Vannes. De ce mariage :

> 1° Guillaume, qui suit ;
> 2° Jacquette DE LANTIVY, épouse de PAYEN, Philippe, chevalier, seigneur de Rochelard ;
> 3° Jeanne DE LANTIVY, épouse de Thomas LE HEN, écuyer.

V. GUILLAUME DE LANTIVY, chevalier, seigneur de Kernazol, Kerandreno, Kerviti, etc., comte de Saint-Ursin, comparut avec onze chevaux en brigandine, à la montre et revue générale des nobles et anoblis et autres sujets aux armes de l'évêché de Vannes, qui fut faite à Auray, au mois de janvier 1480. Il poursuivit l'instance qui existait le 5 janvier 1484 entre Eon de Lantivy, chevalier, seigneur du Crosco et de Kerveno, et Jean de Lantivy, transigea le 3 février 1490 avec Marguerite de Lantivy, sa tante, fit déclaration le 12 juillet 1492, des biens à lui obvenus par le décès de son père, et sujets à rachat, transigea le 1er janvier 1495 avec Jeanne de Lantivy et son mari, fit accord avec François, son fils, le 17 mai 1545. Il épousa Louise DE KERBOUTIER, dont il eut :

1º Jacques DE LANTIVY, chevalier, comte de Saint-Ursin, seigneur de Kernazol, qui donna partage le 19 juillet 1540 à Guillaume, son frère juveigneur, et à ses autres frères, et mourut sans postérité. Il fut institué lieutenant en la vicomté de Rohan par Jacques, vicomte de Rohan, comte de Porhoët, seigneur de Léon, de la Ganasche, de Beauvoir-sur-Mer et de Blaing, par lettres du 24 décembre 1519, datées du château de Blaing et scellées des armes dudit vicomte de Rohan ;

2º Guillaume DE LANTIVY, écuyer, seigneur de l'Isle-Tizon, de la Lande et de la Hayedrean, auteur de la branche des seigneurs de l'Isle-Tizon et de la Lande, dont la filiation viendra ;

3º François DE LANTIVY, seigneur de Kerandreno, auteur de la branche des seigneurs de Talhouët, qui suit ;

4º Allain DE LANTIVY, seigneur de Kerussel et dudit lieu de Lantivy, dont la fille unique, Blanche DE LANTIVY, épousa son cousin Guillaume DE LANTIVY, cadet des seigneurs du Crosco et auteur de la branche des seigneurs de Kerveno.

Branche des Seigneurs de Talhouët.

I. FRANÇOIS DE LANTIVY, chevalier, seigneur de Kerandreno, fils de Guillaume de Lantivy, chevalier, comte de Saint-Ursin, seigneur de Kernazol, dudit lieu de Lantivy, de Kerandreno, etc., et de Louise de Kerboutier, fut partagé le 19 juillet 1540, par son frère aîné Jacques de Lantivy, chevalier, comte de Saint-Ursin, seigneur de Kernazol ; il reçut la terre seigneuriale de Kerandreno ; il épousa N. Nouël DE QUILIEN, et acquit conjointement avec elle la terre et seigneurie de Talhouët, et forma la branche des seigneurs de Talhouët ; il eut pour fils :

II. RAOUL DE LANTIVY, chevalier, seigneur de Talhouët, de Kerandreno et autres lieux ; il fut au nombre des seigneurs qui comparurent aux montres générales des nobles qui se tinrent à Landevant en 1554. Il épousa, le 1er mai 1525, Marie DE BULEON, dont il eut :

III. JACQUES DE LANTIVY, chevalier, seigneur de Talhouët, de Kerandreno, du Breuil, fut compris dans le rôle de la noblesse de Vannes, commandée par M. le comte d'Aradon, pour aller défendre Belle-Isle-en-Mer au mois de juin 1553 ; il fut gouverneur de Pontivy, qu'il défendit contre le duc de Mercœur, l'un des chefs de la Ligue ; il épousa en premières noces Marguerite DE TENOET, et en deuxièmes Perrine LE DOUARIN. Du premier lit :

    Michel, qui suit ;

Du deuxième lit :

    Jacques DE LANTIVY, auteur de la branche des seigneurs du Reste et de Fremur, dont nous donnerons la filiation.

IV. MICHEL DE LANTIVY, chevalier, seigneur de Talhouët, de Kerandreno et du Breuil, donna partage à son frère juveigneur, en 1604 ; il épousa en premières noces Anne DE KERVASY DE MALESTROIT ; de ce mariage :

    1º Jean, qui suit ;

    2º Louis DE LANTIVY, chevalier, seigneur de Kergoff, auteur de la branche des seigneurs de Kergoff, vicomtes de Tredion, dont la filiation viendra.

V. JEAN DE LANTIVY, chevalier, seigneur de Talhouët, du Breuil et autres lieux, épousa Françoise DE TREGOET, dont :

    1º Louis, qui suit ;

    2º René DE LANTIVY, prêtre ;

    3º Vincent DE LANTIVY, seigneur de Pehannec ;

    4º Michel DE LANTIVY, seigneur de Pergamon ;

    5º Georges DE LANTIVY, seigneur de Kerascoët.

VI. LOUIS DE LANTIVY, chevalier, seigneur de Talhouët, du Breuil et autres lieux,

fut assassiné à Quimper-Corentin le 25 février 1673, laissant de sa femme Gillette ABIL-
LAN, dame DE QUEJO :

VII. HERVÉ DE LANTIVY, chevalier, seigneur de Talhouët, du Breuil, de Pergamon
et autres lieux, marié à Jeanne LE BOUDOUL, dame DU BODORY et DE BOUHERVO. De ce
mariage :

    1° Vincent-Louis, qui suit ;
    2° Clément DE LANTIVY, seigneur du Bodory et de Pergamon, qui laissa de son mariage
    avec N. DE LAGE deux filles ; l'aînée épousa, en février 1779, le chevalier DE CADE-
    VILLE, officier au régiment du Roi ; la cadette, Louise DE LANTIVY, dame DU BODORY,
    épousa son cousin, le chevalier Paul DE LANTIVY DE KERVENO, officier au régiment de
    Languedoc, fait prisonnier à Quiberon et fusillé au Champ des Martyrs, près Auray ;
    3° Pierre DE LANTIVY, marié à N. DE COUÉ DE SALARUN, fille de messire François de
    Coué, chevalier, seigneur de Salarun, et de dame Pauline Huchet de la Bédoyère ;
    4° Louise DE LANTIVY, mariée à messire Alexandre, comte DU BOUEXIC, chevalier, sei-
    gneur du Valcampel.

VIII. VINCENT-LOUIS DE LANTIVY, chevalier, seigneur de Talhouët, du Breuil et
autres lieux, épousa en 1757 Marie-Claude-Robert DE LA BELLANGERAIE, fille de l'intendant de la marine à Brest. Devenu veuf sans enfants, il se remaria le 21 septembre 1763,
par contrat passé devant Leborgne, notaire à Pluvigné, avec Marguerite-Jeanne-Charlotte
D'ARGY, fille de Jean-Christophe, comte d'Argy, chevalier, seigneur de la Gringotterie, de
Roquenver, de Kergrois, de Lezevin, de Kerfraval, et de dame Renée de Coué de Sala-
run. Le 14 août 1788, Marguerite-Jeanne-Charlotte d'Argy, épouse dudit Vincent-Louis
de Lantivy, chevalier, seigneur de Talhouët et du Breuil, mourut et fut inhumé dans la
chapelle de la Trinité, à Pontivy, laissant de leur union :

    1° Un fils, N. DE LANTIVY, de Talhouët, mort au bout de quelques jours, en 1764 ;
    2° Jeanne-Renée-Marguerite DE LANTIVY, dame de Talhouët, du Breuil et autres lieux,
    laquelle fit un partage par acte passé devant Loher, notaire à Hennebon, le 21 juin
    1802, avec ses trois tantes, Marie D'ARGY, épouse de messire Jean-Marie de la Ville-
    loys, Elisabeth-Marie D'ARGY, Marie-Anne-Hyacinthe D'ARGY, épouse de messire Denis-
    Louis, marquis de Robien, chevalier, seigneur de Loqueltas, de Couëtsal et autres
    lieux, et avec sa cousine germaine Caroline-Jeanne-Julienne d'Argy, épouse de messire
    Augustin-Louis, comte de Talleyrand-Périgord (neveu du cardinal-archevêque de Pa-
    ris), ancien ministre plénipotentiaire de France en Suisse, commandeur de la Légion
    d'honneur, grand-croix de l'ordre de la Fidélité de Bade, créé pair de France en 1815,
    fils de Louis-Anne, baron de Talleyrand-Périgord, maréchal de camp, ambassadeur
    extraordinaire de la cour de France à Naples en 1788, et de Louise-Fidèle Durand de
    Saint-Eugène-Montigny.

Branche des Seigneurs du Resté.

I. JACQUES DE LANTIVY, chevalier, seigneur du Reste et de Fremur, fils puiné de
Jacques de Lantivy, chevalier, seigneur de Talhouët et de Perrine Le Douarin, transigea
le 8 janvier 1604, avec son frère Michel, sur la succession paternelle, et établit sa demeure
au château du Reste, paroisse de Noyal, évêché de Vannes. Il épousa, le 26 septembre
1647, Nicolle HAMON, fille unique de François Hamon, écuyer, seigneur de Querinan.
De ce mariage :

    1° Bernard, qui suit ;
    2° Jacques DE LANTIVY, auteur d'un rameau collatéral, dont on fera mention,

II. BERNARD DE LANTIVY, chevalier, seigneur du Reste et de Fremur, épousa, le
27 juillet 1668, Catherine MENARDEAC, dame DE MONTBREUIL, dont il eut :

    1° Jérôme-François, qui suit ;
    2° Catherine DE LANTIVY, mariée à Hilarion DE FORSANZ, chevalier, seigneur du Houx,
    conseiller au parlement de Bretagne.

III. JÉROME-FRANÇOIS, comte DE LANTIVY, chevalier, seigneur du Reste et de Fremur, épousa, le 27 janvier 1727, Guyonne-Françoise-Pélagie ROBERT DE LA BELLANGERAYE, dont :

    1° Julien-Hilarion-Jérôme, qui suit ;
    2° François-Claude-Camille DE LANTIVY, officier d'un régiment de dragons et ensuite des chevau-légers de la garde du Roi ;
    3° Innocent-Louis-Bretagne DE LANTIVY, prêtre ;
    4° Guyonne-Claire DE LANTIVY.

IV. JULIEN-HILARION-JÉROME, comte DE LANTIVY, chevalier, seigneur du Reste et de Fremur, fut reçu conseiller au parlement de Bretagne en 1740. Il épousa N. DE KERVASY, dont :

    1° Camille-Philippe, comte DE LANTIVY, qui suit ;
    2° Deux autres fils, les aînés de Camille, qui furent officiers, l'un au régiment de Béarn, l'autre au régiment d'Orléans. Ces deux frères, après la proclamation de la République, servirent dans les armées royalistes de Bretagne, et l'un d'eux, le comte de Lantivy du Reste, qui était l'aîné de la famille, fut au nombre des chefs qui assistèrent, le 30 mai 1792, aux conférences du château de la Roirie, convoqués par le marquis de la Roirie lui-même. Les deux de Lantivy du Reste, ainsi que leur cousin le chevalier Paul de Lantivy de Kerveno, concoururent avec les autres chefs, de la Bourdonnaie-Coëtcandec, Guillemot, Jean-Jean, de Troussier et Georges Cadoudal, à soulever et à organiser le Morbihan, au mois d'avril 1793. Un des deux de Lantivy du Reste, chef de division, eut un engagement très-vif, le 3 mai 1796, contre 500 hommes de troupes républicaines, qui escortaient le général Auguste Mermet, dans les landes près de Locminé. Dans cette mêlée, un royaliste s'approcha du général républicain ; il l'ajusta et allait tirer, lorsque Mermet détourna le coup. De Lantivy est alors cerné dans un champ garni de fossés, toute retraite lui devient impossible ; n'ayant autour de lui que cinq ou six soldats, il ne songe plus qu'à vendre chèrement sa vie, il se défend en désespéré, il étend à ses pieds un chasseur qui s'avance pour le saisir, un autre le prend par derrière, le terrasse et le tue. Son frère aîné, le comte de Lantivy du Reste, succomba aussi dans ces luttes continuelles.

V. CAMILLE-PHILIPPE, comte DE LANTIVY, chevalier, seigneur du Reste, ancien capitaine des vaisseaux du Roi, chevalier de Saint-Louis et de Saint-Jean de Jérusalem, épousa Adélaïde-Claudine-Félicité BLANC DU BOS, fille de N. Blanc du Bos, contre-amiral des vaisseaux du Roi. De ce mariage :

    1° Camille, comte DE LANTIVY DU RESTE ;
    2° Edmond, vicomte DE LANTIVY DU RESTE, marié à Elisa DE COLBERT, fille de monsieur le comte Alphonse de Colbert, général de division, mort à Rennes en 1843, lorsqu'il y commandait la division. Il n'y a point d'enfants de ce mariage.
    3° Charlotte DE LANTIVY DU RESTE, mariée au marquis DE LA BOURDONNAYE DE BLOSSAC, maréchal de camp sous la Restauration. De ce mariage :
        1° Roger, marquis de la Bourdonnaye de Blossac, marié à mademoiselle de la Passe, fille du marquis de la Passe ;
        2° N. de la Bourdonnaye de Blossac, mariée au comte de Breon.

Rameau collatéral des Seigneurs du Reste.

I. JACQUES DE LANTIVY, écuyer, seigneur de Kerlot, fils de Jacques DE LANTIVY, chevalier, seigneur du Reste et de Fremur, et de Nicolle Hamon, dame de Querinan, épousa N. DE ..., dont il eut :

II. JOSEPH DE LANTIVY, écuyer, seigneur de Kerlot et de Peu-de-Lan, marié à Anne DE CHEF-DU-BOIS, dame DE QUEGUYOMARD. De ce mariage :

III. JACQUES DE LANTIVY, écuyer, seigneur de Kerlot et de Peu-de-Lan, marié à N. DE.... dont :

IV. FRANÇOIS DE LANTIVY, chevalier, seigneur de Kerlot, de Peu-de-Lan et autres lieux, marié à Jeanne-Michelle DE LA CHESNAYE DU BELLIQUET, dont sont nés :

1° Jean-Louis DE LANTIVY, seigneur de Kerlot et de Kerlogodanec, marié à Julienne GUE-
PIN, sans enfants ;

2° Joseph DE LANTIVY, seigneur de Livrie, marié à Marie-Josèphe DE CRAMEZEL, fille
unique de Pierre de Cramezel, chevalier, seigneur de Kerjean ; la veuve de Jean-Louis
de Lantivy, seigneur de Kerlot et de Kerlogodanec, se remaria au comte LE GOUVELLO,
chevalier, seigneur de Keriaval, capitaine au régiment de Mailli (infanterie).

Branche des Seigneurs de Kergoff, Vicomtes de Tredion.

I. LOUIS DE LANTIVY, écuyer, seigneur de Kergoff, second fils de Michel de Lantivy,
chevalier, seigneur de Talhouët, et d'Anne de Kervasy de Malestroit, fut maintenu en sa
qualité d'écuyer, et déclaré noble d'ancienne extraction et ancienne chevalerie, le 17 novembre 1668, M. de Lesrat, rapporteur, et fut autorisé, par arrêt du 24 mars 1671, à
prendre le titre de chevalier. Il épousa, le 13 septembre 1680, Françoise RUANT, fille de
Pierre Ruant, écuyer, seigneur de Kernouel et du Restiant, et de Jeanne Georgil, dont
sont issus :

1° Michel DE LANTIVY, mort sans postérité en 1699 ;

2° Nicolas-Augustin DE LANTIVY, prêtre, mort recteur d'Elven, qui se démit de tous ses
droits d'aînesse par acte du 23 août 1701 ;

3° Hyacinthe, qui suit ;

4° Françoise DE LANTIVY ;

5° Jeanne DE LANTIVY ;

6° Marie-Anne DE LANTIVY ;

II. HYACINTHE DE LANTIVY, chevalier, seigneur de Kergoff. Devenu chef de sa famille par la mort de son frère Michel et l'abandon du droit d'aînesse qu'il fit en sa faveur
son frère Nicolas-Augustin le 23 août 1601, fut d'abord officier des vaisseaux du Roi, et
devint ensuite capitaine dans un régiment d'infanterie. Il épousa le 21 février 1709 Sil-
vie FOUQUET, dame vicomtesse de TREDION, fille unique de Rolland Fouquet, chevalier, seigneur, vicomte de Tredion, cousin germain de Fouquet de Belle-Isle, aide de camp de
Monsieur, frère du Roi Louis XIV, et de Marguerite de Sapien ; de ce mariage :

III. GUY-JOSEPH-JOACHIM DE LANTIVY, chevalier, vicomte de Tredion, seigneur
de Kergoff, de Kernouel et du Restiant. Né le 14 novembre 1743, il épousa, le 2 novembre 1737, Marie-Françoise LAURENT DE KERCADIC, fille de Jean Laurent de Kercadic, écuyer,
maire de la ville de Vannes, et de Marie Hardy, dont :

1° Jean, qui suit ;

2° Une fille, morte jeune.

IV. JEAN-LOUIS DE LANTIVY, chevalier, vicomte de Tredion, seigneur de Kergoff,
Kernouel, Restiant et autres lieux, né le 14 avril 1743, rendit hommage au duc de Ro-
han-Chabot, le 11 mai 1772, pour sa seigneurie et vicomté de Tredion, et au Roi le 13
décembre 1775. Il épousa le 1er février 1765 Marie-Françoise QUAULT DE LA BOUVRIE,
fille de François-Marie Quault, écuyer, seigneur de la Bouvrie, conseiller du Roi et séné-
chal de Ploërmel, et de Françoise-Marie de Casson, dont sont issus :

1° Marie-Françoise DE LANTIVY, née le 15 août 1770, mariée en premières noces à N.
DE KARUEL, officier de la marine royale, et en deuxièmes noces à Cyprien DE KERNOR,
chevalier de Saint-Louis, capitaine des frégates du Roi. Elle n'a point eu d'enfants de
ces deux mariages ;

2° Mathurin DE LANTIVY, né le 31 mai 1773, émigra avec son frère René en 1791, et fut
tué à l'affaire du Bois-le-Duc, en Hollande, en octobre 1794, en combattant dans l'armée des Princes, Légion de Beon ;

3° René-Joseph DE LANTIVY, né le 12 juin 1776, à Ploërmel, fut admis, par décision du
Roi, élève de la marine royale, émigra avec son frère, fit partie de l'armée des Princes,
rentra en France, fut fait prisonnier à la bataille de Quiberon, conduit à Vannes et
fusillé le 25 août 1795, au champ des Martyrs, à Auray, à peine âgé de 19 ans. Avant

de mourir, et pendant l'heure qui s'écoula si douloureusement pour ce glorieux martyr de la foi et de la fidélité à son Roi, entre l'instant de sa condamnation et celui de l'exécution, il écrivit à sa sœur la lettre si touchante, qui suit :

« Je n'aurais jamais cru, ma chère et bien-aimée sœur, que l'on m'eût refusé la seule consolation qui me restait, qui était de voir un prêtre pour me préparer à mes derniers instants. Enfin, ma bonne amie, il faut en passer par toutes les bizarreries du sort. Peut-être serai-je plus heureux que ceux qui me survivent. Ma mort te sera sûrement toujours présente ; mais, ma chère, pense que je suis mort en honnête homme, et que je ne regrette que ma pauvre famille. Prie pour moi à chaque instant, j'en ai besoin. Ecris à mon père que mes derniers moments me sont cruels, par rapport à la douleur que je sais que ma mort va lui causer. N'oublie jamais ma pauvre bonne, ni les braves gens qui ont bien voulu s'intéresser à moi. L'on me presse, et je suis obligé de finir. Adieu, ma chère, n'oublie jamais que je te fus cher ! Dis aux dames de Kermoisan que je sens toute l'étendue de leur perte, et que de Kermoisan et moi mourrons ensemble, toujours amis, et nous consolant mutuellement du chagrin que nous vous causons.   Ton trop malheureux frère,   RENÉ DE LANTIVY. »

En secondes noces, Jean-Louis de Lantivy, chevalier, vicomte de Tredion, seigneur de Kergoff et autres lieux, avait épousé Rosalie-Charlotte LE BRUN, fille de Charles Le Brun, écuyer, commissaire de la marine à Nantes, et de Charlotte de Senard, dont il eut :

1º Charles-Raimond DE LANTIVY, né le 17 février 1789. Il servit dans les gardes d'honneur et les gardes du corps. Sans postérité ;
2º Augustin-Charles-Marie DE LANTIVY, qui suit ;
3º Marie-Louise-Victoire DE LANTIVY, née le 31 août 1790 ;
4º Adolphe-Marie-Joseph DE LANTIVY, chevalier, né le 17 octobre 1796, marié en juillet 1834 à Denise ROLLAND DES AULNAIES, dont il eut :
    1º Denise DE LANTIVY ;
    2º Auguste DE LANTIVY ;
    3º Adolphe DE LANTIVY.

V. AUGUSTIN-CHARLES-MARIE DE LANTIVY, chevalier, seigneur, vicomte de Tredion, né à Vannes, le 12 mai 1788, chevalier de Saint-Louis, de la Légion d'honneur et de Saint-Ferdinand d'Espagne, capitaine aide de camp, ayant fait toutes les campagnes de 1803 à 1830, ancien maire de Vannes, ancien membre du conseil général du Morbihan, épousa le 14 mai 1821 Joséphine-Louise-Sophie DE L'ESTOURBILLON, fille de Joseph-Claude-Jean, marquis de l'Estourbillon, seigneur de la Garnache, baron de Beauvais, chevalier de Saint-Louis, page du Roi, ancien officier de cavalerie, et de Gabrielle de Rado du Matz. De ce mariage sont issus :

1º Augustin-Jean-Louis, qui suit ;
2º Charles-Joseph DE LANTIVY, né le 1er mars 1835.

VI. AUGUSTIN-JEAN-LOUIS, vicomte DE LANTIVY DE TREDION, né le 16 octobre 1829, élève de Saint-Cyr, entré à l'Ecole d'état-major, capitaine à 24 ans, aide de camp du général de Cicé, et ensuite attaché à l'état-major du maréchal Bosquet, en qualité de capitaine. Il a épousé, le 4 juin 1859, Jeanne DE RICHEMOND DE RICHARDSON, fille de Jean-Hippolyte, comte de Richemond de Richardson, ancien officier démissionnaire en 1830, et de Zoé-Félicie Hervouet de la Chardonnière. De ce mariage est né le 9 avril 1860 :

Maurice-Jean-Augustin DE LANTIVY DE TREDION.

Branche des Seigneurs de l'Isle-Tizon et de la Lande,

ÉTABLIE DANS LE CRAONNAIS, EN ANJOU.

I. GUILLAUME DE LANTIVY, chevalier, seigneur de l'Isle-Tizon, de la Hayedreau, de Keribert, de la Lande et autres lieux, fils de Guillaume de Lantivy, chevalier, comte de Saint-Ursin, seigneur de Kernazol et autres lieux, et de Louise de Kerboutier, transigea le 5 février 1527 sur les droits de son épouse, fut compris dans la réformation de la paroisse d'Elven, évêché de Vannes, possédant du chef de sa femme la seigneurie de la Hayedrean, fut partagé comme juveigneur par son frère aîné, Jacques de Lantivy, chevalier, comte de Saint-Ursin, seigneur de Kernazol et autres lieux, le 19 juillet 1540, et rendit aveu le 5 février 1547 du lieu et hébergement de Keribert; il épousa Ysabeau MAYDO. De ce mariage :

> 1° Guy, qui suit ;
> 2° Guillemette DE LANTIVY, mariée, par contrat du 28 février 1563, à Bertrand DE CALO, écuyer ;
> 3° Julien DE LANTIVY, mort sans postérité ;
> 4° Hélène DE LANTIVY, qui transigea en 1569.

II. GUY DE LANTIVY, chevalier, seigneur de la Hayedrean, de l'Isle-Tizon, de la Lande, Keribert et autres lieux, fils aîné, héritier principal et noble, reçut partage, le 21 février 1554, du seigneur Pierre de Guernazic, son beau-frère, dans la portion avenante à la dame son épouse, en la succession de feu Jean de Guernazic, chevalier, seigneur dudit lieu, son père; transigea, le 3 janvier 1569, avec demoiselle Hélène de Lantivy, sa sœur, sur le partage de leur père et mère, lequel fut fait suivant l'assise du comte Geffroy ; fit interroger, le 3 février 1571, son frère juveigneur, sur la forme usitée dans les partages de leurs auteurs paternels et maternels. Il épousa, le 25 juin 1551, Amaurie DE GUERNAZIC, fille héritière et noble de feu Jean de Guernazic, chevalier, seigneur dudit lieu et de dame Marie de Keraudraix; dont il eut deux fils :

> 1° Pierre DE LANTIVY, chevalier, seigneur de la Hayedrean, qui mourut sans postérité ;
> 2° Jean, qui suit.

III. JEAN, comte DE LANTIVY, chevalier, seigneur de l'Isle-Tizon, la Lande, Kermainguy, fut partagé comme juveigneur par Pierre, son frère aîné, dans les successions de leur père et mère, et obtint, le 10 mai 1601, un arrêt du parlement de Paris, avec son épouse, en qualité d'héritier du côté maternel de feu haut et puissant messire François le Fest, chevalier, marquis de Guesbriant, seigneur de la Blanchardaye, et fit un accord le 24 mars 1615, comme tuteur de Pierre et de Mathieu, ses enfants, et se portant fort pour Bertrand, son fils aîné, et pour Françoise, sa fille. Il épousa demoiselle N. MACEOT, fille de feu écuyer Mathurin Maceot, seigneur de Roscannet, et de demoiselle Jeanne Glée. Ce mariage eut lieu par contrat passé avant le 14 octobre 1592, époque à laquelle ladite demoiselle Maceot, obtint mainlevée de la succession de feu haut et puissant le Fest, chevalier, marquis de Guesbriant, seigneur de la Blanchardaye. De ce mariage :

> 1° Bertrand DE LANTIVY, sans postérité ;
> 2° Pierre, qui suit ;
> 3° Mathieu DE LANTIVY, écuyer, seigneur de la Guittonière, qui transigea le 30 janvier 1628, et fut partagé comme juveigneur le 4 janvier 1629 ;
> 4° Françoise DE LANTIVY, dont on ignore la destinée.

IV. PIERRE, comte DE LANTIVY, chevalier, seigneur de l'Isle-Tizon, la Lande, Kermainguy, Faouëdic, etc., transigea le 30 janvier 1628, sur les droits à la succession de sa mère, comme fils aîné, héritier principal et noble, et donna en sa même qualité, le 4 janvier 1629, partage à son frère juveigneur, Mathieu de Lantivy, et eut acte, le 1er août 1667, de M. Voisin de la Noiraye, intendant des provinces de Touraine, Anjou, le Maine, de la représentation de ses titres remontés à l'année 1527. Il épousa, le 7 septembre 1630, demoiselle Françoise DE MAUMECHIN, fille de François de Maumechin, écuyer, seigneur de la Bouinière, et de demoiselle Renée de Guiard ; dont :

> 1° Louis, qui suit ;
> 2° Pierre DE LANTIVY, écuyer, seigneur de la Chartenaye ;

3º Jacques DE LANTIVY, chevalier;
4º Anne DE LANTIVY;
5º Marie DE LANTIVY;
Ces quatre derniers furent partagés comme juveigneurs.

V. LOUIS, comte DE LANTIVY, chevalier, seigneur de l'Isle-Tizon, la Lande, Champiré, Baranton, Niafle, la Chartenaye, la Guittonière, etc., fut l'un des mousquetaires de la garde ordinaire du Roi, consentit une constitution de rente le 12 juin 1665, donna en sa qualité de fils aîné, héritier principal, noble et démissionaire de son père, et d'héritier pur et simple de sa mère, partage à ses frères et sœurs, le 10 juin 1670, et fit nommer un curateur à ses enfants mineurs, le 8 juin 1669. Il épousa en janvier 1668 demoiselle N. GOUIN, fille de René Gouin, écuyer, ancien secrétaire du Roi, et de feue demoiselle Arnoul. De ce mariage :

1º Louis, qui suit;
2º Gabrielle DE LANTIVY, épouse de messire René, comte DE CHAMPAGNÉ, chevalier, seigneur de la Motte-Ferchault;
3º Madelaine DE LANTIVY, épouse de messire André, vicomte DE LA SAUGÈRE, chevalier;
4º Barbe-Marguerite DE LANTIVY, épouse de messire René, comte DE CHARBONNIER, seigneur de Monternaule.

VI. LOUIS-PIERRE, comte DE LANTIVY, chevalier, seigneur de l'Isle-Tizon, la Lande, Niafle, Baranton, la Chartenaye, Champiré, la Cour de Livré, l'Epinay, et autres lieux, conseiller au parlement de Bretagne, donna sous l'autorité de Jacques de Lantivy, chevalier, son oncle et curateur, partage à ses frères et sœurs juveigneurs, le 27 août 1698, fit procéder à la curatelle de son fils aîné, le 15 mars 1718, et donna procuration à son même fils le 22 juin 1720 pour liquider diverses créances. Il épousa, le 16 avril 1697, demoiselle Marie-Anne DE LA CHEVALLERIE, fille de René de la Chevallerie, chevalier, seigneur de la Touchardière, Bigot, l'Esperonnière et autres lieux, et de demoiselle Anne Drouet. De ce mariage :

1º Louis-Pierre-Jacques, qui suit;
2º Françoise DE LANTIVY obtint l'entérinement de lettres de bénéfice d'âge le 15 novembre 1720;
3º Marie-Anne DE LANTIVY, envoyée en jouissance de ses biens le 15 novembre 1720.

VII. LOUIS-PIERRE-JACQUES, comte DE LANTIVY, chevalier, seigneur de l'Isle-Tizon, la Lande, Bonchamps, Niafle, Champiré, Baranton, l'Epinay et autres lieux, né le 11 octobre 1698, fut pourvu d'un curateur le 15 mars 1718, fut envoyé en possession de ses biens par sentence rendue en la justice de Craon le 15 novembre 1720, fit rachat le 15 novembre 1721 des moulins à blé sis sur la rivière du Don, vendus par son père. Il épousa demoiselle Louise LANGLOIS, fille de Messire Jacques Langlois, seigneur de la Roussière, maître en la chambre des comptes de Bretagne, et de Marie de Brussineau. Ce mariage eut lieu par contrat du 10 février 1716; il en naquit :

1º André-Louis, qui suit;
2º Marie-Louise DE LANTIVY, épouse de messire Henri-Augustin DU VERDIER DE GENOUILLAC, chevalier, seigneur du Cellier et autres lieux, conseiller au parlement de Bretagne;
3º Louise DE LANTIVY, dont on ignore la destinée.

VIII. ANDRÉ-LOUIS, comte DE LANTIVY, chevalier, seigneur de Bonchamps, de l'Isle-Tizon, la Lande, Niafle, Bouche-d'Usure, l'Epinay, Baranton, Champiré et autres lieux, reçu page du Roi en sa grande écurie au mois de novembre 1738, d'où il en est sorti au mois d'avril 1741 pour entrer dans le régiment de Fouquet, cavalerie; il fit nommer un curateur à son fils le 1er juillet 1752, et à sa fille née de son premier mariage; donna partage le 29 avril 1774 à messire André-Paul-Louis du Verdier de Genouillac, chevalier, et à Marie-Louise du Verdier de Genouillac, son neveu et sa nièce, pour la portion héréditaire revenant à feue leur mère. Il épousa en premières noces Henriette DE MILON, nièce de monseigneur de Milon, évèque de Valence, dont il eut une fille unique, Marie-Innocente-Jeanne-Baptiste de Lantivy. Il se remaria en secondes noces, le 1er février 1754, avec demoiselle Charlotte-Hyacinthe-Claudine-Joseph DE MONTECLER, fille de très-haut et très-puissant seigneur Joseph-François, marquis de Montecler, chevalier, et de très-haute et très-puissante dame Hyacinthe de Menou de Turbilly. De ce mariage naquit :

IX. LOUIS-ANDRÉ, comte DE LANTIVY, chevalier, seigneur de l'Isle-Tizon, la Lande, Baranton, Champiré, la Guittonière, l'Epinay, Niafle, Faouëdic, Bouche-d'Usure, Kermainguy et autres lieux, né le 18 février 1700, reçut le supplément des cérémonies du baptême dans l'église de Niafle, au diocèse d'Angers.

Il fit au mois de janvier 1789, au cabinet des ordres du Roi, ses preuves de noblesse pour jouir des honneurs de la Cour, être admis à monter dans les carrosses du Roi et suivre Sa Majesté à la chasse; la Révolution l'a empêché de jouir de ces honneurs. Il est mort sans postérité, dernier représentant mâle de sa branche, qui est tombée en quenouille dans la famille du Verdier de Genouillac.

Branche des Seigneurs du Crosco.

I. ÉON DE LANTIVY, chevalier, seigneur du Crosco, de Randecart, Kerveno et autres lieux, fils de Raoul de Lantivy, chevalier, comte de Saint-Ursin, seigneur de Kernevallée, Kerviti, etc., etc., et d'Alix de Baud, fille d'Allain de Baud, chevalier, seigneur d'Huchon, fut mentionné dans la réformation de 1427, et déclaré noble d'ancienne extraction et ancienne chevalerie. Il était en instance le 8 juillet 1449 avec son frère consanguin Jean de Lantivy, chevalier, comte de Saint-Ursin, relativement à la dot de sa mère, Alix de Baud, troisième femme de Raoul de Lantivy, son père; il continua la même instance contre Jean de Lantivy, IIe du nom, chevalier, comte de Saint-Ursin, seigneur de Kernazol, de Kernevallée, etc., son neveu, lequel fut condamné ez-pleds de Noyal, évêché de Vannes, à lui restituer cette dot. Eon de Lantivy était encore en instance avec le même Jean de Lantivy, son neveu, le 3 octobre 1464, ez-pleds généraux d'Hennebon, relativement à la succession d'Olivier de Lantivy (celui qui ratifia en 1381 la paix entre le Roi de France et le Duc de Bretagne), fils de Raoul de Lantivy, chevalier, comte de Saint-Ursin, et d'Alliette de Lanouand. Par la sentence il fut dit que les parties étaient personnes nobles, et que ledit Olivier ne pouvait avoir et tenir d'héritages fors par le bienfait.

Eon de Lantivy épousa Marie DE KERVESAN ou DE KUSANGO. De ce mariage :

II. CHARLES DE LANTIVY, chevalier, seigneur du Crosco, de Kerveno, de Randecart et autres lieux, qui épousa Marie DE LOPRIAC, fille de haut et puissant N. de Lopriac, chevalier, seigneur, marquis de Coëtmadeuc, conseiller au parlement de Bretagne. De ce mariage :

III. LOUIS DE LANTIVY, chevalier, seigneur du Crosco, de Kerveno, de Randecart, qui épousa Jeanne LE GOUVELLO; ils vivaient en 1504. Ils eurent pour fils :

IV. CHARLES, comte DE LANTIVY, chevalier, seigneur du Crosco, Kerveno, Randecart et autres lieux, qui épousa Jeanne DE FOURNOIR, fille de N. de Fournoir, chevalier, seigneur de Barach et autres lieux. De ce mariage :

1º Jean, qui suit ;
2º Guillaume DE LANTIVY, qui forma la branche des seigneurs de Kerveno, dont la filiation viendra.

V. JEAN, comte DE LANTIVY, chevalier, seigneur du Crosco, Randecart et autres lieux, épousa Jeanne Chohan de Coetcandec, fille de N. Chohan, chevalier, seigneur de Coëtcandec. De ce mariage :

VI. LOUIS, comte DE LANTIVY, chevalier, seigneur du Crosco, de Randecart et autres lieux, conseiller au parlement de Bretagne. Il épousa en février 1596 Andrée de Callac, dont il eut :

VII. LOUIS, comte DE LANTIVY, chevalier, seigneur du Crosco et de Randecart, conseiller au parlement de Bretagne, qui épousa en 1626 Françoise Guyomard, fille de François Guyomard, écuyer, seigneur de Saint-Laurent. De ce mariage :

> 1° Louis, qui suit ;
> 2° Ambroise DE LANTIVY, seigneur de Randecart, mort sans postérité ;
> 3° Jacques DE LANTIVY, seigneur de Ruillac, sans postérité.

VIII. LOUIS-FRANÇOIS, comte DE LANTIVY, chevalier, seigneur du Crosco, conseiller au parlement de Bretagne, épousa en 1655 Florimonde DE CARADREUX, dont il eut :

> 1° Claude-François, qui suit ;
> 2° Jeanne DE LANTIVY, mariée au comte Gabriel DE LANLOUP ;
> 3° Agnès DE LANTIVY, mariée au marquis DE PERRIEN, chevalier, dont le fils aîné devint lieutenant-colonel au régiment de Penthièvre.

IX. CLAUDE-FRANÇOIS, comte DE LANTIVY, chevalier, seigneur du Crosco, Randecart et autres lieux, épousa Anne-Catherine L'Evesque, dame DE LANGOURLA, fille de haut et puissant Florand L'Evesque, chevalier, seigneur, marquis de Langourla, et de Marguerite de Baud. De ce mariage naquit une fille unique, Florimonde de Lantivy, dame du Crosco et autres lieux, riche héritière, qui épousa très-haut et très-puissant seigneur N. de Rougé, chevalier, marquis du Plessis de Bellière ; de ce mariage : très-haute et très-puissante Innocente-Luce de Rougé du Plessis de Bellière, duchesse d'Elbœuf.

Branche des Seigneurs de Kerveno.

I. GUILLAUME DE LANTIVY, chevalier, seigneur de Kerveno, Keraudrez, Kervert, fils de Charles de Lantivy, chevalier, seigneur du Crosco, Kerveno, Randecart et autres lieux, et de Jeanne de Fournoir, épousa en 1534 Blanche DE LANTIVY, fille d'Allain de Lantivy, chevalier, seigneur dudit lieu de Lantivy, Kerandreno, la Ferrière, Kernazol, Bacqueril, Sixt, lequel était lui-même fils de Guillaume de Lantivy, chevalier, comte de Saint-Ursin, seigneur de Kernazol et autres lieux, et de Louise de Kerboutier ; de ce mariage :

> 1° Jean, qui suit ;
> 2° Jacques DE LANTIVY, auteur de la branche des seigneurs de Bernacle, dont la filiation viendra.

II. JEAN DE LANTIVY, chevalier, seigneur de Lantivy, de Kerveno, de Kernazol, de la Ferrière, de Bacqueril, de Sixt, épousa Louise LE FEUVRE, dont :

> 1° Jacques, qui suit ;
> 2° Jean DE LANTIVY, auteur d'un rameau collatéral, dont la filiation viendra.

III. JACQUES DE LANTIVY, chevalier, seigneur de Kerveno, Keraudrez, Kervert, Pormain, etc., épousa Catherine COUPÉ, dont il eut :

IV. RENÉ DE LANTIVY, chevalier, seigneur de Kerveno, Keraudrez, Kervert, Tremaudan, épousa Agnès DU CHEMIN, dame DE TREMAUDAN ; de ce mariage :

    1° François DE LANTIVY, mort sans postérité ;
    2° René-Claude DE LANTIVY, sans postérité ;
    3° Joseph DE LANTIVY, sans postérité ;
    4° Jacques DE LANTIVY, qui continua la filiation ;
    5° Jacquette DE LANTIVY, mariée à Jean DE QUIFISTRE, chevalier, seigneur, comte de Ba-
       valan ;
    6° Anne DE LANTIVY, morte religieuse aux Ursulines d'Hennebon.

V. JACQUES DE LANTIVY, chevalier, seigneur de Kerveno, Kervert, etc., etc., épousa Marguerite DE LANTIVY, dont il eut :

    1° Jacques, qui suit ;
    2° Françoise DE LANTIVY, mariée à Jean GILLOT, chevalier, seigneur de Croyal et
       de Romillé ;
    3° Augustine DE LANTIVY, mariée à Pierre-Auguste PHELIPPES, écuyer, seigneur de Vil-
       leneuve.

VI. JACQUES, comte DE LANTIVY, chevalier, seigneur de Kerveno, Kervert, etc., épousa Anne DU BOUETIEZ, fille du comte du Bouëtiez, chevalier, seigneur du Bouëtiez. De ce mariage :

    1° Jacques, qui suit ;
    2° Augustine DE LANTIVY, mariée à messire N. DU BOT, chevalier, seigneur du Rhoudourt.

VII. JACQUES, comte DE LANTIVY, chevalier, seigneur de Kerveno, épousa Vincente LE LIMONIER DE LA MARCHE, dont :

    1° Jacques, qui suit ;
    2° Charlotte DE LANTIVY, mariée à messire Louis DU BOISGUEHENEUC ;
    3° Le chevalier Paul DE LANTIVY DE KERVENO, dont l'article viendra après celui de son
       frère Jacques ;
    4° Isidore DE LANTIVY, fait prisonnier à la bataille de Quiberon, conduit à Vannes, sau-
       vé par une religieuse, et massacré quelques jours après par les Républicains à Carhaix.

VIII. JACQUES, comte DE LANTIVY, chevalier, seigneur de Kerveno, épousa en premières noces N. CONEN DE SAINT-LUC, dont il eut :

    1° Gabrielle, qui suit ;
    2° Auguste DE LANTIVY, marié à N. COUFFON DE KERDELEC, sans enfants ;
    3° Sophronie DE LANTIVY, mariée à N. DE TOULGOUET, officier en retraite ;
    4° Victoire DE LANTIVY, mariée à Emile DE MAUD'HUY, officier des vaisseaux du Roi en
       retraite ;
    5° Virginie DE LANTIVY, mariée à N. DE KERANGUÉ, ancien commandant de Belle-Isle
       en Mer.

En secondes noces, JACQUES, comte DE LANTIVY, chevalier, seigneur de Kerveno, épousa Rosine DE GESLIN, dont il eut :

    1° Amélie DE LANTIVY, morte sans postérité ;
    2° Virginie DE LANTIVY, non mariée.

IX. GABRIEL, comte DE LANTIVY DE KERVENO, aîné des enfants du premier lit, ancien préfet de la Corse et ancien maître des requêtes sous la Restauration, ancien consul de Jérusalem et de Dublin, chevalier de Saint-Louis, officier de la Légion d'honneur, épousa en premières noces Marie LE FEUVRE DE LA FALUÈRE, fille de messire Antonin Le Feuvre, comte de la Faluère, et d'Agathe de la Bonnière de Beaumont ; de ce mariage naquirent :

    1° Gabriel, vicomte DE LANTIVY DE KERVENO, mort à son château du Guernelé ;
    2° Antonin DE LANTIVY DE KERVENO, mort à Rennes lieutenant d'artillerie ;
    3° Esther DE LANTIVY DE KERVENO, mariée à monsieur le comte de RAGUET-BRANCION.

En secondes noces, monsieur le comte Gabriel de Lantivy de Kerveno épousa Edwige DE LANCRY DE PRONLEROY, fille de monsieur de Lancry, marquis de Pronleroy et de mademoiselle N. de la Faille; il n'y a point d'enfants de ce mariage. En troisièmes noces, M. le comte Gabriel de Lantivy de Kerveno a épousé mademoiselle N. DE LA COUR, fille du baron de la Cour, officier général tué à Wagram; sans enfants de ce troisième mariage.

Le vicomte Gabriel de Lantivy de Kerveno, et son frère, Antonin de Lantivy de Kerveno, tous les deux fils du comte Gabriel de Lantivy de yerveno, et petits-fils du comte Jacques de Lantivy, chevalier, seigneur de Kerveno, étant morts sans postérité, les descendants du chevalier Paul de Lantivy de Kerveno, dont nous allons donner la filiation, continuent la branche de Kerveno, et forment en même temps celle des de Lantivy-Gillot, par le fait de l'adoption, en 1840, de René-Auguste de Lantivy de Kerveno, par son oncle, Charles-Jean Gillot, chevalier, seigneur de Croyal.

X. PAUL DE LANTIVY, chevalier, seigneur de Kerveno, fils de Jacques, comte de Lantivy, chevalier, seigneur de Kerveno, et de Vincente Le Limonier de la Marche, officier au régiment de Languedoc, émigra d'abord, rentra en France, fit partie de la conspiration du marquis de la Rouërie, concourut avec ses deux cousins de Lantivy du Reste, et les autres chefs de la Bourdonnaye-Coëtcandec, de Siltz, Guillemot, Jean-Jean, de Troussier, Georges Cadoudal, etc., à soulever et à organiser le Morbihan; il y commanda avec beaucoup de distinction une division de l'armée royaliste. On cite de lui plusieurs beaux faits d'armes, entre autres, celui d'être parvenu à la tête de six cents hommes à tromper l'ennemi, et à pénétrer du Morbihan dans le Finistère, par des chemins détournés, d'arriver par trois routes différentes au village d'Erden, près le pont de Buis, où les républicains avaient une manufacture de poudre, y prendre les chevaux et charrettes nécessaires, pour le 17 juin 1795, vers une heure après midi, s'élancer avec deux cents hommes sur l'établissement, s'emparer de toutes les munitions, et de plus de trente mille livres en numéraire, en respectant la vie des soldats républicains et les propriétés particulières, et reprendre ensuite avec toute sa troupe la route de Ployben, sans être inquiété.

Le même Paul de Lantivy, étant à l'affaire de Quiberon, assistant quoique blessé très-grièvement au conseil de guerre convoqué par le général comte de Sombreuil, pour discuter la capitulation offerte par le général républicain Hoche, fut du nombre des opposants à cette capitulation, et de ceux qui voulaient mourir les armes à la main, et comme il se faisait remarquer par la vivacité de sa protestation, le général comte de Sombreuil l'interpella et lui dit : Eh quoi donc, chevalier de Lantivy, est-ce que vous doutez de l'honneur français? Général, lui répondit le brave chevalier, j'ai toujours cru à l'honneur français, mais jamais je n'aurai confiance dans la parole des Républicains. Le brave Paul, fait prisonnier et très-gravement blessé, marchait péniblement appuyé sur le bras de son jeune frère Isidore, comme lui prisonnier. Le général républicain Humbert, l'ayant aperçu dans une position si critique, lui offrit son cheval. *Merci, général, lui répondit Paul, mes camarades sont à pied,* et il ne l'accepta pas; ses soldats le portèrent. Conduit à Auray, il fut jugé, condamné à mort. Quoique n'ayant plus que quelques jours à vivre, il fut placé sur un brancart et porté au Champ des Martyrs, où il fut fusillé. Ainsi mourut ce preux chevalier, victime de sa foi et de son inviolable fidélité à son Roi.

Le chevalier Paul de Lantivy de Kerveno, avait épousé sa cousine Louise DE LANTIVY DE BODORY, fille de Clément de Lantivy, écuyer, seigneur de Bodory et de Pergamon, et de N. de Lage. De ce mariage :

> 1° René-Auguste DE LANTIVY DE KERVENO, auteur de la branche des de Lantivy-Gillot, dont la filiation va suivre ;
> 2° Isidore DE LANTIVY DE KERVENO, qui, en 1815, fit partie de l'état-major du général de Sol de Grisolle, dans le Morbihan, assista à plusieurs batailles contre la division que commandait le général bonapartiste Bigarré, auquel il fut envoyé en parlementaire pour le sommer de remettre la ville de Vannes au général de Sol, qui demandait à en

prendre possession au nom du Roi Louis XVIII. Sous la Restauration, Isidore de Lantivy de Kerveno servit dans les gardes du corps de Sa Majesté Louis XVIII, et mourut tout jeune, lieutenant du 58e régiment de ligne ;

3o Caroline DE LANTIVY DE KERVENO, mariée à Joseph DE BONNEGENS, sous-préfet de Saint-Jean d'Angely, sous la Restauration ;

4o Pauline DE LANTIVY DE KERVENO, mariée à Alexandre BRIANT DU LESCOET.

Branche des de Lantivy-Gillot de Kerveno.

XI. RENÉ-AUGUSTE DE LANTIVY DE KERVENO, fils du chevalier Paul de Lantivy de Kerveno, qui commandait l'un des corps des armées royalistes du Morbihan, et qui fut fusillé après l'affaire de Quibéron, au Champ des Martyrs, et de Louise de Lantivy de Bodory, fut recueilli à l'âge de sept ans par un de ses parents, Charles-Jean Gillot, chevalier, seigneur de Croyal et de Romillé, qui l'éleva. Lorsque la tourmente révolutionnaire fut passée, le chevalier Charles-Jean Gillot, ancien seigneur de Croyal et de Romillé, demeurant à son château de Croyal, commune de Noyal-sur-Vilaine, n'ayant point d'enfants de son mariage avec Ursule-Henriette-Renée de Forsanz du Houx, adopta par acte passé le 30 avril 1840 devant le juge de paix du canton de Châteaugiron, arrondissement de Rennes, son neveu, ledit René-Auguste de Lantivy de Kerveno, qui prit alors le nom de de Lantivy-Gillot de Kerveno, et devint ainsi l'auteur de la branche des de Lantivy-Gillot, tout en continuant celle de Kerveno. Cet acte d'adoption fut consenti par madame Louise-Céleste de Lantivy de Bodory, veuve du chevalier Paul de Lantivy de Kerveno, et mère de René-Auguste, et par madame Ursule-Henriette-Renée de Forsanz du Houx, épouse dudit chevalier Charles-Jean Gillot de Croyal.

René-Auguste de Lantivy-Gillot, épousa au mois d'octobre 1842, Caroline-Marguerite DE GUERIF DE LAUNAY, fille de Charles de Guerif, écuyer, seigneur de Launay et de Senac, page de Son Altesse Royale Monsieur le prince de Conti, ensuite officier au régiment de Conti, qui émigra, fit partie de l'armée des Princes et mourut à Londres des suites de l'amputation de la cuisse gauche, et d'Angélique Guyet du Teil et du Pont-Mussart. De ce mariage :

1o Charles, qui suit ;

2o Fanny DE LANTIVY-GILLOT, mariée à Charles DE KERPEZDRON DU CARTIER, dont elle a neuf enfants : Anna, Charles, Elise, Ernestine, Alban, Amédée, Pauline, Marie-Antoinette, Sidonie de Kerpezdron du Cartier ;

3o Isidore DE LANTIVY-GILLOT, marié à Marie-Thérèse DE BEDÉE, dont une fille, Clémentine de Lantivy-Gillot ;

4o Auguste DE LANTIVY-GILLOT, veuf de Marie-Sidonie DE FROGIER DE PONLEVOY, dont une fille, Marie-Joséphine-Charlotte de Lantivy-Gillot, et deux garçons, portant tous les deux le nom d'Auguste, morts l'un à neuf mois, l'autre à dix mois ;

5o Joseph DE LANTIVY-GILLOT, mort sans postérité à l'âge de 24 ans ;

6o Henri DE LANTIVY-GILLOT, mort sans postérité à l'âge de 34 ans ;

7o Pauline DE LANTIVY-GILLOT, mariée à Camille DE FARCY DE BEAUMONT, dont trois filles, Pauline de Farcy de Beaumont, Marie-Thérèse de Farcy de Beaumont, Marie-Caroline de Farcy de Beaumont ;

8o Elise DE LANTIVY-GILLOT, morte à l'âge de 9 ans ;

9o Ferdinand DE LANTIVY-GILLOT, mort sans postérité à l'âge de 28 ans.

XII. CHARLES DE LANTIVY-GILLOT, a épousé Aristide-Athalie GROUT DE BEAUVAIS, fille de Colomban Grout de Beauvais, et d'Angélique-Césarine de Tremereuc du Meurtel. De ce mariage :

1o Aristide DE LANTIVY-GILLOT ;

2o Charles DE LANTIVY-GILLOT ;

3o Maria DE LANTIVY-GILLOT.

Rameau collatéral de la branche des Seigneurs de Kerveno.

I. JEAN DE LANTIVY, chevalier, seigneur de Lantivy, de Kernazol, de la Ferrière, de Bacqueril, de Sixt, fils de Jean de Lantivy, chevalier, seigneur de Lantivy, de Kerveno, de Kernazol, de la Ferrière, de Bacqueril, de Sixt et autres lieux, et de Louise Le Feuvre, épousa Marie DES BROSSES, dont il eut :

II. BERNARD DE LANTIVY, chevalier des ordres du Roi, gentilhomme ordinaire de la chambre de Sa Majesté le Roi Louis XIV, seigneur de Lantivy, de la Ferrière, de Kernazol, de Bacqueril, de Sixt et autres lieux, épousa en premières noces Marie DE COULOMB, et en secondes Jeanne DE SERVAUDE, fille de Georges de Servaude, chevalier, seigneur de la Ville-ès-Cerfs. Du premier mariage naquit :

III. JEAN-YVES DE LANTIVY, chevalier, seigneur de Lantivy, de Kernazol, de la Ferrière, de Bacqueril, de Sixt, qui épousa N. DE...., qui le rendit père de :

IV. FRANÇOIS-CHARLES DE LANTIVY, chevalier, seigneur de Lantivy, de la Ferrière, de Kernazol, de Bacqueril, de Sixt, dont la fille unique Françoise-Rose de Lantivy, dame de Lantivy, la Ferrière, Kernazol, Bacqueril, Sixt, épousa messire Joseph-François de Kersauson, seigneur dudit lieu de Kersauson, le Vieux-Châtel et autres lieux.

Branche des Seigneurs de Bernacle.

I. JACQUES DE LANTIVY, écuyer, seigneur de Bernacle, fils de Guillaume de Lantivy, chevalier, seigneur de Kerveno, Keraudrez, Kervert, et de Blanche de Lantivy, épousa N. DE..., dont il eut :

II. FRANÇOIS DE LANTIVY, écuyer, seigneur de Bernacle, épousa N. DE...., et eut pour fils :

III. FRANÇOIS DE LANTIVY, écuyer, seigneur de Bernacle, qui épousa Odette DE BRÉNUGAT, dont :

IV. BERNARD DE LANTIVY, écuyer, seigneur de Bernacle, épousa N. DE...., dont :

V. LOUIS-ANNE DE LANTIVY, écuyer, seigneur de Bernacle, qui mourut sans postérité.

Branche des Seigneurs do Reste de Lantivy.

Cette branche quitta la Bretagne dès les premiers temps de l'établissement de la maison de Lantivy dans cette province, et s'établit en Languedoc sous le nom de Reste, et y donna plusieurs Capitouls à Toulouse. Un incendie ayant dévoré le château qu'elle habitait à Saint-Hars, détruisit les archives de famille et lui ôta les moyens de rattacher sa filiation à la souche mère. Mais un acte de notoriété dans lequel parurent les plus nobles seigneurs du pays, sanctionné par un arrêt de la cour des aides de Lorraine, où elle s'était transportée en 1780, constata son origine, et établit sa filiation à partir du XVᵉ siècle.

Les premiers membres de cette famille que mentionnent les historiens du Languedoc sont Simon de Reste, capitoul en 1488. Il avait précédemment exercé ces fonctions et avait été nommé un des quatre députés que Toulouse envoyait aux Etats généraux convoqués en 1484 et qui s'ouvraient à Tours le 15 janvier 1484.

Il fut probablement père de :

    1° Jean, qui suit ;
    2° Philippe DE RESTE, capitoul en 1548, 1564 et en 1571.

I. SIMON DE RESTE, IIe du nom, écuyer, capitoul en 1513, et qui fut père de :

II. JEAN DE RESTE, écuyer, IIe du nom, capitoul de Toulouse en 1543; il laissa :

III. JEAN DE RESTE, écuyer, IIIe du nom, marié à Anne DE BEAUREGARD; il vivait en 1594, et fut père de :

IV. ANDRÉ DE RESTE, écuyer, Ier du nom, secrétaire du Roi; il épousa en premières noces Marie DU VERGER, et en deuxièmes noces, Marie DE ROQUADE D'ULN; de ce dernier mariage naquit :

V. JEAN DE RESTE, écuyer, IVe du nom, qui vivait en 1663, et eut de son union avec Marie DE FAURE DE LASFIGUARÈDES :

> 1° Bertrand, qui suit ;
> 2° Jean DE RESTE, chevalier, dont le fils, Bertrand de Reste, seigneur de la Tour, issu de son union avec Jeanne-Marie D'ASSOLAN, n'a pas laissé de postérité ;
> 3° André DE RESTE, écuyer, sans postérité.

VI. BERTRAND DE RESTE, écuyer, épousa Marie-Anne DE RAVAING, dont :

VII. JEAN DE RESTE, V^e du nom, chevalier, vivant en 1730, épousa Marie D'ORBESSAN, dont il eut :

> 1° Jean-Pierre, qui suit;
> 2° Thérèse-Georgette DE LANTIVY DE RESTE, élève de Saint-Cyr.

VIII. JEAN-PIERRE DE LANTIVY DE RESTE, chevalier, obtint un arrêt de la cour des Aides en 1780, qui le reconnaissait issu de l'antique maison de Lantivy de Bretagne, et c'est alors qu'il prit le nom de Lantivy de Reste; il se maria avec Jeanne-Marie DE LA POUZE, qui le rendit père de :

> 1° Jean-Charles DE LANTIVY DE RESTE, chevalier ;
> 2° François-Antoine DE LANTIVY DE RESTE, reçu page de madame la comtesse d'Artois, en 1788, et mort en 1822, chevalier de Malte et dernier représentant de cette branche.

Les DE LANTIVY DE RESTE portaient pour armes : D'azur à une roue d'or, au chef d'or chargé d'une branche de laurier de sinople posée de face, l'écu timbré d'une couronne de comte. Leur filiation a été établie d'après les expéditions authentiques de l'arrêt de 1780 et des preuves faites pour les payer en 1788.

Outre toutes les différentes branches de la maison de Lantivy, dont nous venons de donner la filiation, il y avait encore une autre branche de la même famille de Lantivy, établie en Guyenne; cette branche était représentée en 1753 par Pierre de Lantivy, chevalier, marquis de Limur, comte de Saint-Ursin, seigneur de Kerlou et de Danteuil.

Cette branche portait pour armes : D'azur à huit billettes d'or, posées 3, 2, 2, 1 (qui est de Baud, première mère commune des différentes branches de la famille de Lantivy), au franc quartier de gueules chargé d'une épée d'argent en pal la pointe en bas qui est de Lantivy.

Les derniers représentants mâles de cette branche ont péri pendant la Révolution, victimes de leur foi et de leur fidélité au Roi. Une demoiselle seule échappa à la mort. Elle avait épousé le comte de Maurey, qui, comme tous les membres de la famille de Lantivy, avait émigré au moment de la Révolution. Madame la comtesse de Maurey, sa femme, fut jetée en prison et condamnée à mort. Pour échapper au supplice, elle eut l'infamie de consentir à épouser son geôlier, qui était un ancien moine, portant le nom de Davière. De cet odieux mariage naquit, le 17 pluviôse an IV, un fils qui, oubliant le nom de son père, prit celui de sa mère, et se faisait appeler le marquis de Lantivy. Sa femme, qui vivait séparée de lui, habitait la petite ville de Saint-Germain, près Paris, sous le nom de marquise de Lantivy.

Le 19 août 1859, est intervenu un jugement du tribunal de la Seine, provoqué par monsieur le vicomte Augustin-Jean-Louis de Lantivy de Tredion, capitaine à l'état-major du maréchal Bosquet, époux de mademoiselle Jeanne de Richemont de Richardson, lequel jugement interdit à la fausse marquise de Lantivy, et à son fils Davière de prendre le nom de Lantivy, qu'ils avaient usurpé.